100年の旅

Hundred Years of Life

文：ハイケ・フォーラ
イラスト：ヴァレリオ・ヴィダリ
訳：前田まゆみ

かんき出版

0
生まれてはじめてのほほえみに、
まわりもみんな、ほほえみかえす。

1/2
近くにあるものすべて、
この手でにぎりしめたくなる。

1
でも、手をはなすと、
ぜんぶ床に落ちてしまう。
それは、重力との出会い。

1½
ママはときどき いなくなる。
でも、やっぱりいつも 戻ってきてくれる。
それは「信頼」。

2
でんぐり返し、もう、ほとんど ひとりでできる。

生きてるって、素敵！

3
…でも、生きてるってことは、いつか死ぬっていうこと。

4
そんなこと心配でいらない。
ただ、今ここにいることだけ
考えていればいい。

4 3/4
いろんな味がいっぱい！どれが好き？

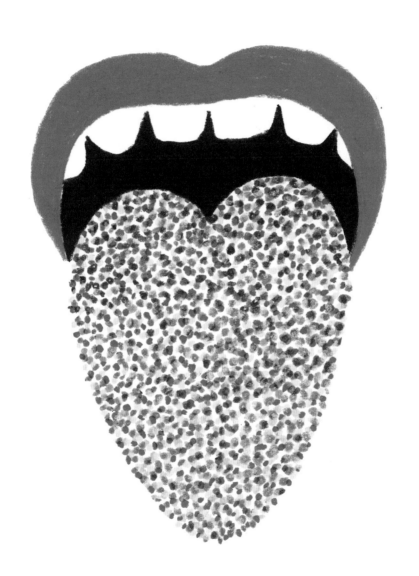

5
男の子と女の子は好きになったりする。
なんて不思議！

6
友達といっしょに学校へ行けるほど、大きくなった。

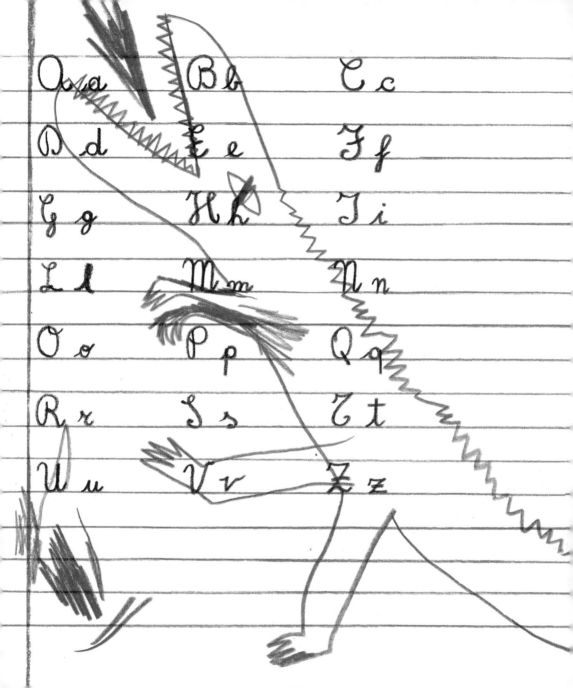

Aa Bb Cc
Dd Ee Ff
Gg Hh Ii
Ll Mm Nn
Oo Pp Qq
Rr Ss Tt
Uu Vv Zz

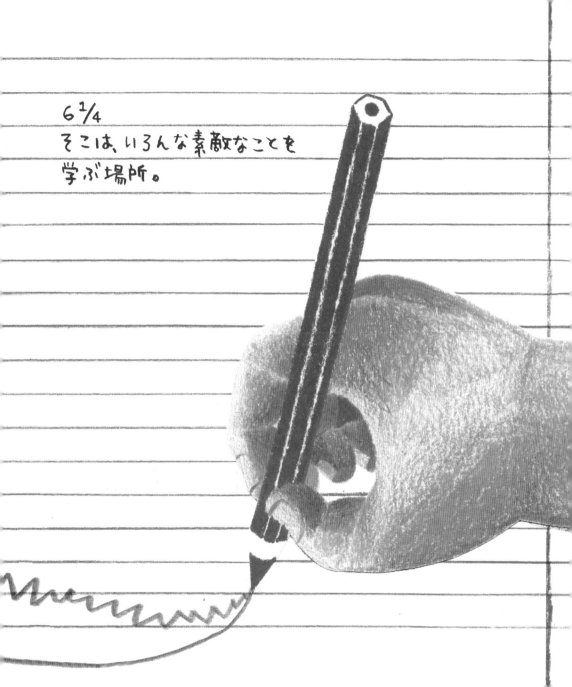

6¼
そこは、いろんな素敵なことを
学ぶ場所。

7
世界は発見だらけ。
なんでも近づいて見てみたい。

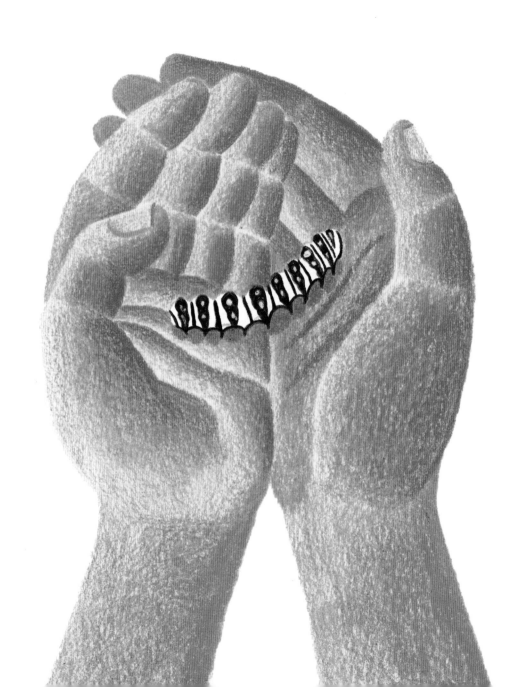

7 ¼
でも、退屈することもある。

8
一歩一歩、どんどん勇敢になる。

8½
でも、同時に、前より疑い深くなる。

9
アメリカ、イタリア、ベルリン、シャーウッドの森、
コーンウォール、地中海、エベレスト山、北極、ロシア、
オーストラリア。世界はなんて広いんだろう!

10
でも、人間は、同じ人間に対し、
恐ろしいまでにひどいことをしたことがある。

11
ある魚たちは、卵を産むために
生まれた場所に戻るなんて知ってた？

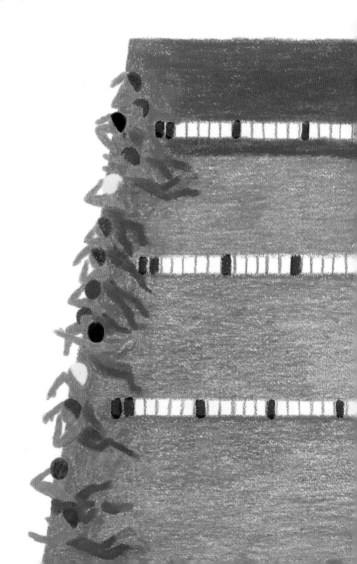

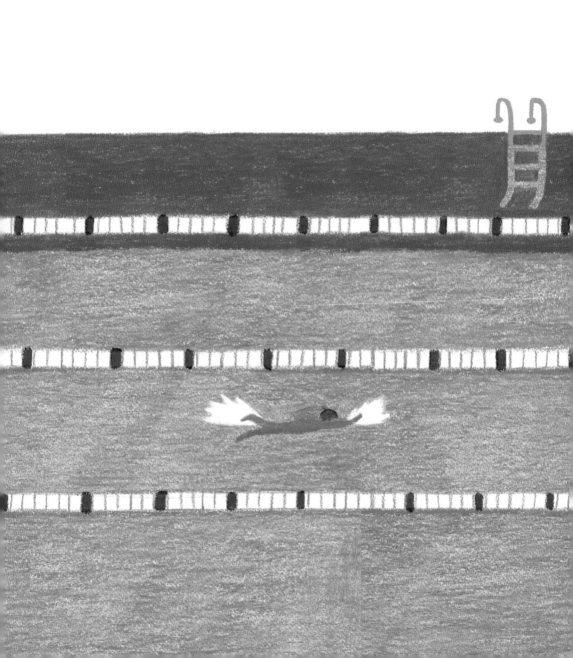

12
お父さんや お母さんより
上手に できることが たくさん ある。

13
でも、お父さんお母さんは、
いつになったら、友達の前で ベタベタ 子どもあつかい
するのを やめてくれるのかな。

14
ほかのみんなと同じことをするのを覚える
(でも、いつも うまくできるとは限らない)。

15
目に見えるいちばん遠くのものは、アンドロメダ銀河。
わたしたちの天の川銀河にどんどん近づいていて、
40億年後には ぶつかってくるんだって！

16
でも何も心配ない。今はキスのしかたを覚えるところ。

17
信じられないことが起きた。
好きな人ができちゃった！

18
これも信じられないけど
コーヒーが好きになっちゃった！

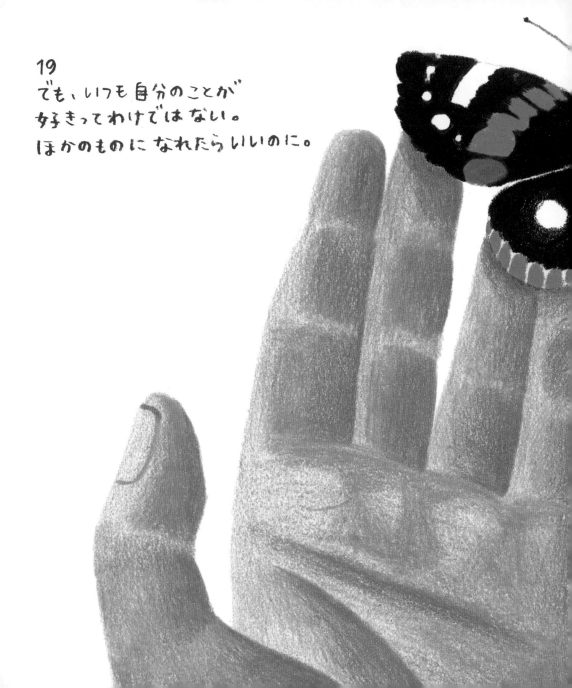

19
でも、いつも自分のことが
好きってわけではない。
ほかのものに なれたら いいのに。

20
自分がまえは 15歳 だったなんて
信じられない。
5年が永遠のように 感じる。

21
ほんとうにこんな小さな部屋で育ったのかな？

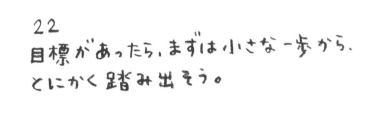

22
目標があったら、まずは小さな一歩から。
とにかく踏み出そう。

23
生まれてはじめて、
誰かに自分のことを全部聞いてもらう。

24
今まで 誰か ほかの人を
こんなに 近くに 感じたこと なんて、なかった。

25
これからも ずっと いっしょに いたい。

26
…でも、もしかしたら、ちがうかも。

27
お母さんのアドバイスは、
もう、あまり役に立たない気がする。

28
ただ、お母さんは、アドバイスといっしょに、
手づくりのブラックベリージャムをくれる。

29
やっとわかったのは、土曜の夜、
家でひとり、静かに落ちこまず過ごす方法。

30
幸せは人それぞれだということが
わかりはじめる。

31
幸せは、それを本気で探していない
ときに、ふと訪れる。

32
子どもはいるのかな？

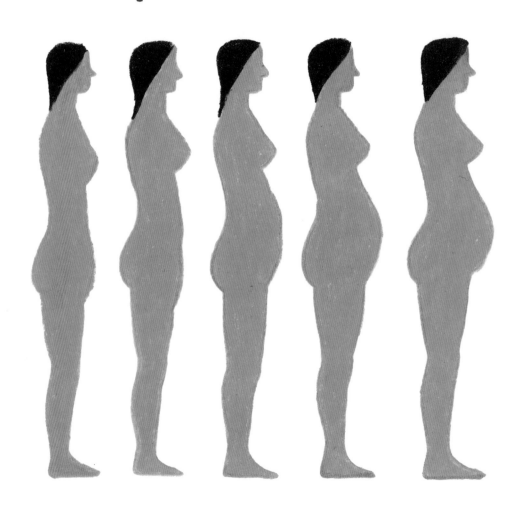

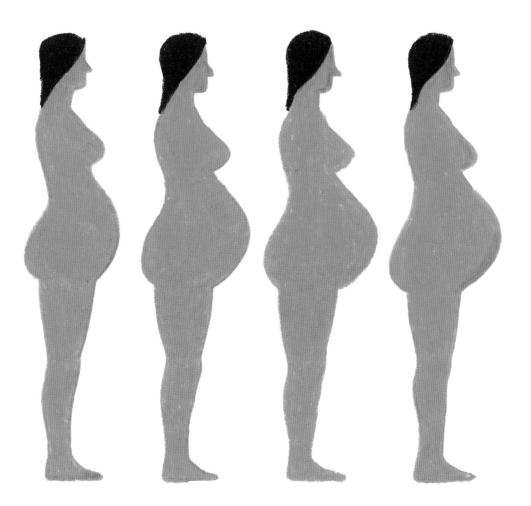

33
眠れなくても
やっていくことを覚える。

34
もう、すっかりおとな。

35
…いいえ、もしかしたら
まだ おとなじゃないかも。

36
夢見てたことが現実になった。
でも、想像してたのとすこしちがう。

37
少なくとも、まだバカをやったりする。

38
アメリカ大陸のニューメキシコには、
「稲妻の平原」と呼ばれる場所があって、
たくさんの避雷針に 空から稲妻が落ちてくる。
世界は、まだまだ驚きに満ちあふれている。

39
こんなに誰かを愛したことなんてない。

40
そして、こんなに誰かのために心配したことなんてない。

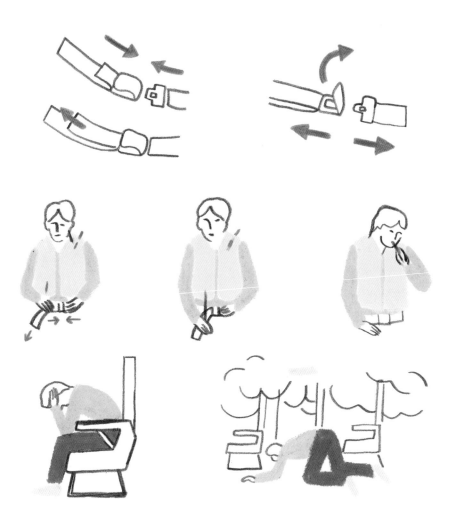

41
いつから、人生はこんなにストレスだらけに
なったのだろう？

42
でも、今は自分でブラックベリーの
ジャムをつくれる。

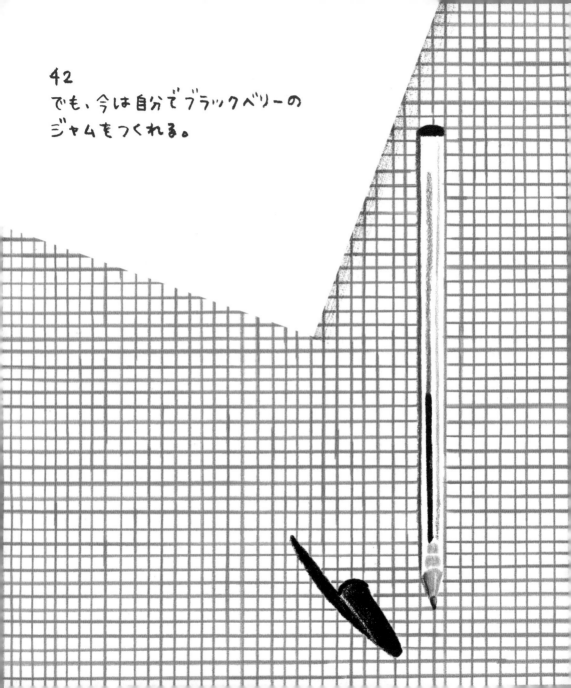

- 1/2 Apfel
- 1kg Brombeeren
- 500g Zucker
- 1h köcheln lassen

43
そして、ひとりで心地よく過ごすことも学んだ。

44
足の指にも、しわができる。

45
そのままの自分が好き？

46
誰かを失うことがどんな気持ちか、
知ってしまった？

47

48
そうはいっても、
自分は幸運だと感じる。

49
夜通しぐっすり眠れることが
どんなに贅沢なことなのか、わかる。

50
見えない力が、わたしたちを、
それぞれ真逆の方向へと引っぱる。
どちらの力が強いのだろう？

51
ありのままの両親を 受け入れられる。

52
いくつかの夢を、今も追いかけている。

53
でも、それも良し。
小さな幸せを 楽しむことも 知ったから。

54
…そして、偉大なものも。

55
気高さを味わうには、遠くを見渡す視点が必要。

56
この世界を当たり前のように思う。
ときどき、月にさえも 気がつかない。

57
もし、月が百年に一度しか
見えなかったら、きっと気がつくはず。

58
ときに、日々のことがとても大変に感じる。

59
そして、世界はまだ不思議でいっぱい。
アルプスのどこかの貯水池には、教会の鐘楼が
水面から そびえてるなんて、知ってた？

60
もう60歳。子どものころ、60歳の人は、
すごくお年寄りに見えた。
でも今、自分では 年をとっている感じはしない。

61
鼻と耳が、すこしずつ 大きくなっているような。

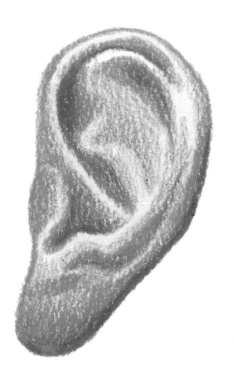

62
誰も自分たちが悪いなんて思っていない。

64
昔自分がもといた場所へ、
自分を引き戻そうとする何かの力を感じる。

65
そこは、まだ自分の家？

67
今も世界を発見中。

68
ガーデニングに 目覚めたりして。

70
いまだに自分のことなんて、よくわからない。
試してみてはじめて、それが好きだって わかったりする。

71
ある時期、なにもかもが困難になる。

72
そして、別のときには、すべてがうまくいく。

73
人生で、ちがう選択もあったと思ったりするかな？

74
人生ではじめて、ついに自分とぴったりの
パートナーが見つかる。

75
学んだこともあれば、学ばなかったこともある。
まだ、でんぐり返しできる？

76
自然の中にいるのがいちばん。

78
新しいテクノロジーにも触れてみたい。

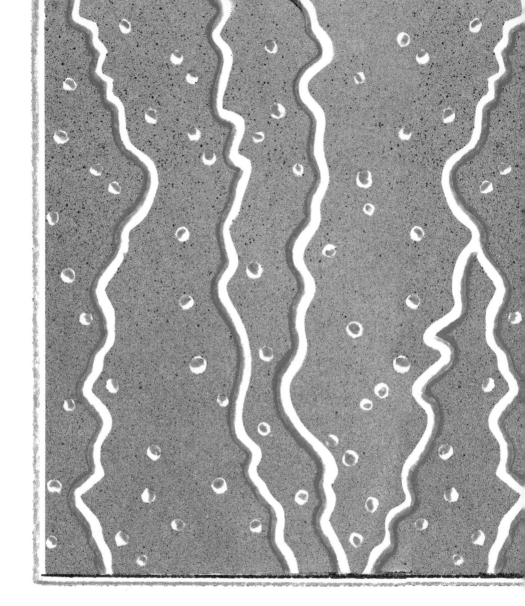

79
まだ 運転できる？

80
時間に限りがあることが わかっても、
今は まだまだ 人生は つづく。

81
もし年齢が年ではなく、
かけがえのない瞬間で数えられるとしたら？

82
何をするにも、かかる時間は2倍。

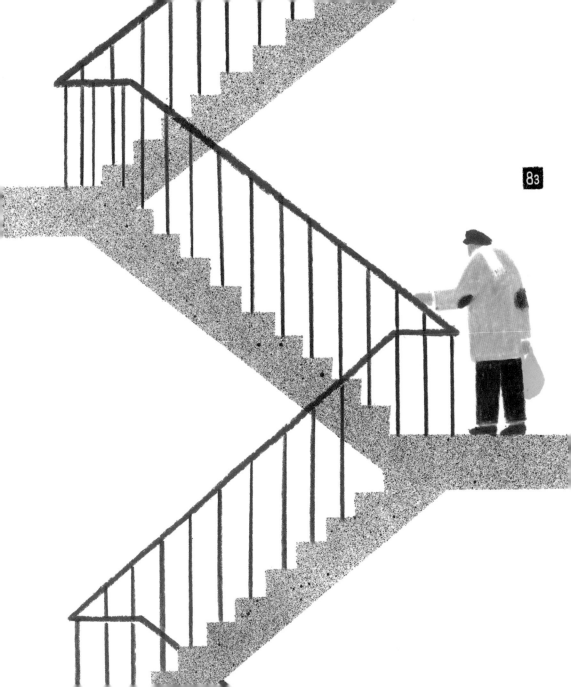

84
そして、時間が
過ぎるのは速い。

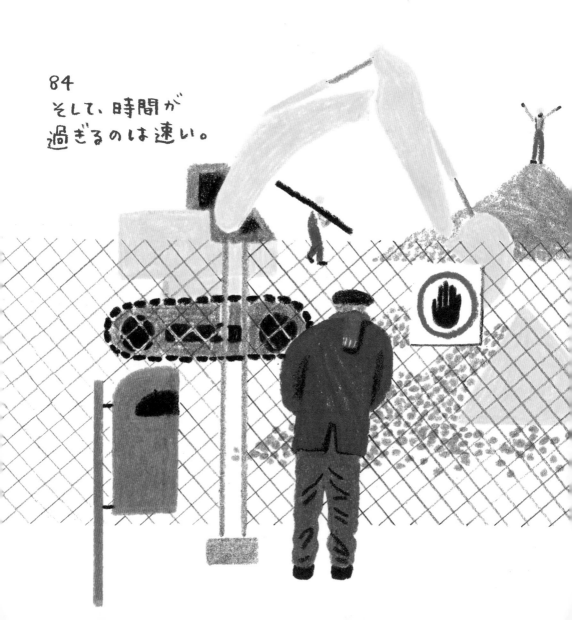

86
すべてが いつも ちがって 見える。

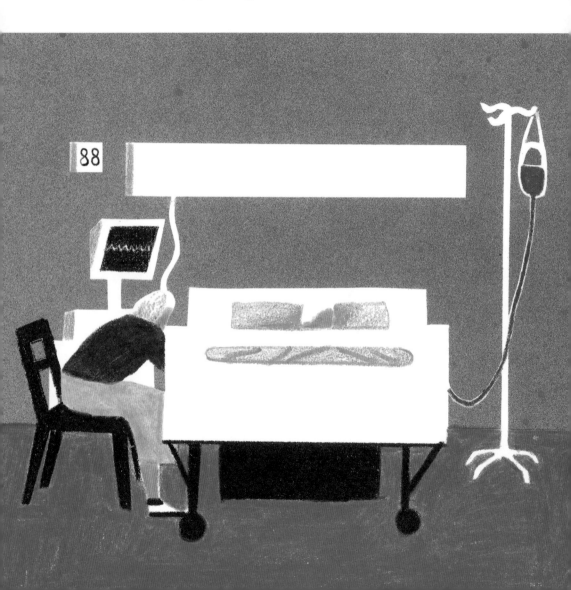

89
それは、つらい。

90
人生には、上り下りがある。

91
心の支えになる旧友を持つことは、幸せ。

92
死って何だろう？ やがて、やってくるもの。

94
毎年、空になったジャムのびんを
食器棚にしまうとき、
このびんを また 使うことが あるだろうか？
と自分に問いかける。

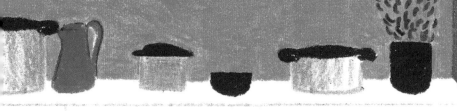

95
でも、またブラックベリーの
ジャムをつくっている。

96
知らないうちに、もう春。

97
みんなにあらゆることを聞かれる。
たとえば、人生で何を教わった？とか。

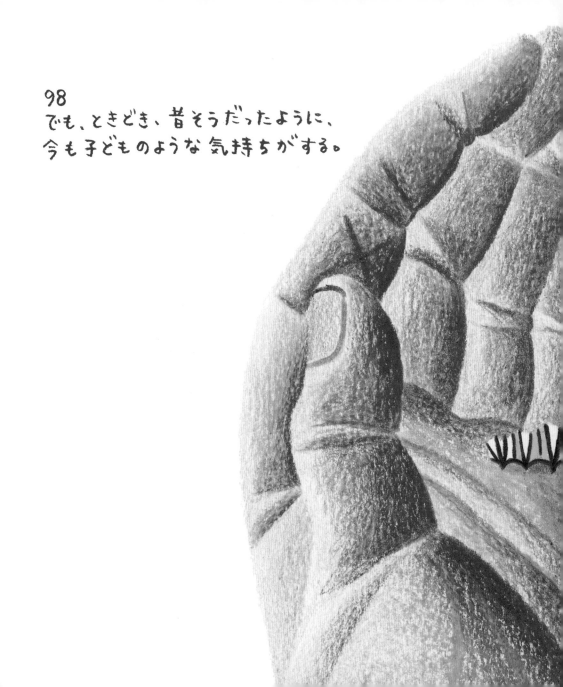

98
でも、ときどき、昔そうだったように、
今も子どものような気持ちがする。

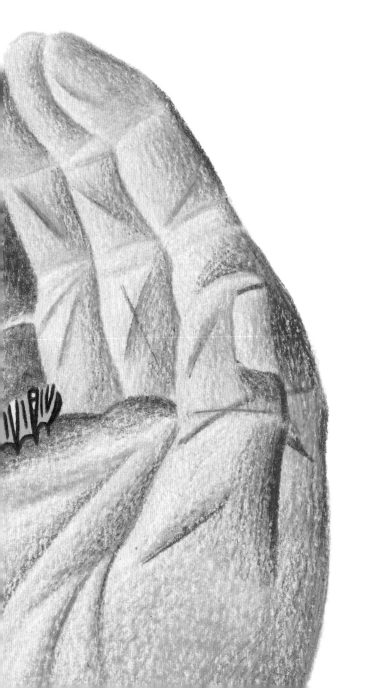

99
人生で、何を学んだのだろう？

あ と が き

　この本のアイデアは、あるとき、ふと生まれました。それは、生後間もない
姪っ子が、ミイラのように布にくるまれ、外界に向かってまばたきしている
のをはじめて見たときでした。なんて不可思議な旅が、この子を待ち受け
ていることか！　と思ったのです。彼女を待ち受ける素敵なことをうらやま
しく思う気持ちが半分。でも同時に、今までのさまざまな痛みの記憶から、
自分の中につまっている悲しみを思い、同じものがやはり彼女を待ち受け
ているとも感じました。

　そのとき、外に車の音が聞こえました。

　姪っ子はゆっくりと音のほうへ頭を動かしました。彼女はそれが何の音
かまだわからず、今の彼女の日々にはそれは何の関係もないはずでした。

　そして、また2～3週間後に彼女に会うと、姪っ子は、もう車の音には反
応しなくなっていました。つまり、不思議に感じたことを評価し、位置づけ
る経験を繰り返すうちに、AからBへと動くとき、「刺激に対する過度な反
応」、たとえばきれいな石を全部拾ったり、すべての水たまりに足をつっこ

んでみるようなことを避ける機能が育ちはじめていたようです。悲しいことに、おとなになると私たちは、世界に満ちる驚き、たとえば、連なる山々や満月、そして他者から受ける愛情になんだか慣れてしまい、当たり前に思ってしまうことがあります。それらの気高さを感じ取る心をもう一度取り戻すには、世界を新しい視点で見る必要があるのかもしれません。この本では、つまり、人生のそれぞれの局面で、世界の見え方が変わるということを表現できたらと思いました。

　決して、もしくはまだ経験しないことが、私にもたくさんあります。そのため、私はほかのいろいろな人たちに、彼、彼女たちが人生で学んだことを聞いてみることにしました。小学生の子どもや90歳の人、社会で尊敬されたり、またそのステータスを失ったりしている人々とも話しました。ベルリンの高層ビル群を背後にしたマルツァーンという小さな村では、旧東ドイツの元高官と彼の庭でいっしょに座って話し、また、イスタンブールではアパートの地下にある部屋のコンクリートの床の上で、シリア難民の人々と

も話しました。私が尋ねる質問はいつも同じです。

「人生で何を学びましたか?」

高校を卒業したばかりのナイジェリアのラゴス出身の少年は、何か大きなことを成し遂げるには、どんなに小さなことでも、それを積み上げることが大切だとわかったと言います。彼は学校であまり上のクラスではなかったのですが、そのことがわかってからはコースを変更しました。そして、ナイジェリアでもトップクラスのコースを卒業することができたのです。

人生の中で本当に大変なことに直面した人たちがよく言うのは、自分自身の中にある強さに、自分でも驚いたということです。たとえば、イスタンブールで出会った6人の子を持つシリア人の母親は、「貧しいものにとっては、世界にはほとんど居場所はありません。けれども人生は美しくて、その美しさへの扉を開こうと挑戦しつづけなくては」と語っていました。興味深いのは、人生に裏切られることの少なかった人よりも、大変な困難に出会ってきた人たちのほうが、人生への満足度が高いことです。きっと人生

はある意味公平なのでしょう。幸せは、おそらく相対的なものなのです。

　中年期になると、たとえば素敵な場所で美味しいカプチーノを飲む(53歳)とか、夜ぐっすり眠る(49歳)などの日々の小さなよろこびから幸せを感じやすくなるようです。事実、40歳以上の人たちはみんな、夜通しぐっすり眠れることがどんなに幸せかを語ってくれました。

　そして、もっと高齢になったら？　もちろん、この局面になると、彼、彼女たちは自分の限界を受け入れることを学んでいます。けれども、私が話を聞いた何人かの人々は、さらなる新しい経験について話してくれました。旧東ドイツの元高官のおじいさんは、以前よりも自分は勇敢になっていると言います。70歳になって彼は新しいことに挑戦しているのです。また、オーバーバイエルン(バイエルン州南東部)で先生をしている74歳の女性は、ほんとうに自分に合うパートナーをその年齢でとうとう見つけました。そして、ベルリン出身のある女性画家は、彼女の夫が認知症を発症したときの

ことを語ってくれました。それは、彼女にとって大変な試練でしたが(87歳の
ページに書いています)、その中で彼女は新しいことをいろいろ学びました。

　とはいえ、人生でさまざまな経験をしても、結局変わらないこともあります。世界中で愛されるヤングアダルト向けの本を書いているロンドン出身の女性作家と話をして、それを強く感じました。「人生で何を学びましたか?」と尋ねると、こんな答えが返ってきたのです。「ときどき、私は昔そうだったように、自分が幼い少女のように感じます。人生で何かを学んできたかどうか、よくわかりません」

　私は、この言葉をこの本の中にそのまま書きとめました。

　いちばん驚いたのは、私が話した高齢者の誰ひとり、死への恐れを語らなかったことです。これについてのもっとも美しい表現は、私の訪問を庭で奥さんとともに迎えてくれた、ある高齢男性から聞くことができました。「毎年、空っぽになったジャムのびんを食器棚にしまうときに、来年またこのジャムのびんを使うかどうか、わからないと思うだろう?」彼は言いまし

た。「でもね、やっぱりまたブラックベリーのジャムをつくってるんだよ」

　これは、本の中の94歳と95歳のページの主題になっています（そして、本全体を通してブラックベリージャムが登場するのはこのためです）。

　ただ、「人生経験」を理解することには壁もあります。それを自分の中に映し出せないときには、空虚に聞こえる（理解できない）かもしれません。ですから、読者のみなさんにこの本を誰か別の人、できればご両親、またはおじいさんおばあさんなど、自分よりも人生経験のある人といっしょに読んでいただきたいのです。そして、ひとつひとつのことばについて、それを彼、彼女たちがどんなふうに受けとめるか、会話していただけたらと思っています。少なくとも著者の私は、それを想像してこの本を書きました。

ハイケ・フォーラ

　100年生きることを前提に人生設計を、というのが、最近ではほぼ常識になっています。この本は2018年にドイツで出版され、14カ国以上で翻訳されているそうです。人生100年というのは、いまや日本だけではなく、世界中の先進国の共通テーマなのでしょうか。ちなみに、この本が99歳で終わるのは0歳からはじまっているからで、ちょうど100年の人生になります。

　著者の「あとがき」では、著者が話を聞いた高齢者の誰も死への恐れを語らなかったと書かれています。ただ、日本人である私のまわりでは、人生を達観したかに見える高齢の方々にも、やはり死への恐れはあるように感じられます。それは、生き物の中でおそらく唯一、「死」を客観視する知性を持ってしまった人間として、ごく自然なことではないでしょうか。

　あるドイツ在住の方のブログで、ドイツでは病気になっても日本と比べると患者に甘えさせない、患者も周囲に甘えない雰囲気があると読んだことがあります。ドイツ語圏に生きる高齢者が死への恐怖を口にしないの

は、情緒的な部分をある種の弱さとして律する、近代になって哲学者を多く生み出したような理性と意志の強さを求める文化の影響なのかもしれません。それは同時に、つねに勇気と希望を持って生きるということを、この本の中でも示してくれている気がします。

　生まれ落ちてまもなく、世界にむかってほほえむことを覚え、いろいろなことを学び、愛情や喪失を知り、また日々の何気ない幸せに浸り、人生が連綿とつづく、そのような「不可思議な旅」のまっただ中で、私たちは互いに出会い、すれ違い、ぶつかりあったり惹かれあったりして生きています。

　さまざまな年齢の方々に、この旅をともに生きる家族や友人とこの本を手にとり、自由な会話をしていただければと願っています。

　　　　　　　　　　　　　　　　　　　　　　　前田　まゆみ

ブックデザイン　　　　西垂水　敦(krran)

カバー・本文描き文字　前田　まゆみ

【著者略歴】

ハイケ・フォーラ

◉──おそらく、人生の今、中盤あたりにいる。ツァイト・マガジンの編集者で、この本を姪のパウラとロッタに捧げる。パウラとロッタは、赤ちゃんのとき著者にこの本のアイデアを与えてくれ、その何年後かには、実際につくる作業も助けてくれた。

【イラスト】

ヴァレリオ・ヴィダリ

◉──イタリア出身のイラストレーター、ベルリン在住。ハイケより若く、ハイケの姪たちよりは年上。作品には多くの受賞歴がある。

【訳者紹介】

前田　まゆみ （まえだ・まゆみ）

◉──1964年、神戸市生まれ。京都在住。絵本作家、翻訳家。

◉──神戸女学院大学で英文学を学びながら、デッサンなど絵の基本を学ぶ。1994年ごろから絵本作家として活動。

◉──翻訳絵本にベストセラーとなった『翻訳できない世界のことば』（創元社）のほか、2020年産経児童出版文化賞翻訳作品賞を受賞した『あおいアヒル』（主婦の友社）、著書に『幸せの鍵が見つかる　世界の美しいことば』（創元社）、『野の花えほん　春と夏の花』『野の花えほん　秋と冬の花』（あすなろ書房）などがある。

100年の旅

2020年 2 月17日　　第 1 刷発行
2024年 5 月24日　　第10刷発行

著　者──ハイケ・フォーラ
訳　者──前田　まゆみ
発行者──齊藤　龍男
発行所──株式会社かんき出版
　　　　　東京都千代田区麹町4-1-4 西脇ビル　〒102-0083
　　　　　電話　営業部：03(3262)8011代　編集部：03(3262)8012代
　　　　　FAX　03(3234)4421　　　　振替　00100-2-62304
　　　　　http://www.kanki-pub.co.jp/

印刷所──シナノ書籍印刷株式会社